Roi Soleil

JAPHET QUILLIN STETTLER

Roi Soleil

Le chant du cygne

(Poésies)

Copyright © 2020 Japhet Quillin Stettler
Tous droits réservés.
ISBN :9798690675882

UNE COURONNE SUR LA TÊTE
CE QUE CHACUN SOUHAITE

CE RECUEIL EST LE FRUIT
DE MES LUMIÈRES
DE MES OBSCURITÉS

Merci,

« Agapé est un amour spirituel dirigé vers tous, de manière universelle. Un amour débordant, qui n'attend rien en retour. Et quand vous parvenez à aimer à ce niveau, vous commencez à aimer les hommes non parce qu'ils sont aimables, non parce qu'ils ont des choses qui vous attirent, mais parce que Dieu les aime; ainsi nous pouvons aimer une personne qui commet un acte mauvais tout en haïssant l'acte qu'il commet. »

- Martin Luther King

*« Car qu'est-ce que mourir sinon rester nu dans le vent et se fondre dans le soleil ?
Et qu'est-ce que cesser de respirer sinon libérer son souffle de ses marées agitées pour qu'il s'élève et se répande et cherche Dieu à son aise ? »*

- Khalil Gibran, *Le Prophète*

Tragédie du roi soleil

Roi des cieux éthériques
Soumettant les plus forts de nos pères
Régnant sur toute l'Afrique
Ainsi que sur le reste de la Terre,
Amour est ce qu'il revendique.

De ses brûlures n'échappe pas même l'eau,
Nous a donné la vie lors de l'éternité
Nous l'a reprise à l'ère du Verseau
De ce monde il s'est retiré,
Pour jouir de quelque repos.

Tel Icare nous n'avons pas su nous protéger
D'un rayon, nos ailes il a brûlé
L'humain comprendra à l'aube de sa fin
Que son bijou maltraité ne verra pas demain.

Tragique meurtre harmonieux
Qui de lui ou de nous est meurtrier ?
Sur cette question je vous laisse méditer
La mort sera témoin de la vacuité des cieux.

Esprits

Âmes des méandres massacrés,
Parties trop tôt ou touchées par Theos,
S'élèvent vers les superbes cieux illuminés,
Pour elles il n'y aura plus d'Éros.

Cauchemar des hommes et des enfants,
Nuées teintées de mort avancée,
Ne soyez pas effrayés pour autant
Elles n'ont jamais fait de blessés.

Voguant à travers plaines et champs,
Se recueillant auprès des tombes endormies,
Au loin, la nuit tout doucement
Accueille ces esprits dans son lit.

Amour

Arc-en-ciel couleur bonheur; n'aie plus peur !
Au pied une marmite d'or fera briller
Les yeux malicieux des lutins, qui vont s'arracher
Des mains cet heureux butin, pour leur malheur.

Toute la richesse du monde se trouve dans le cœur,
Quoi que vous disent les mœurs, dans l'or le serpent
Se cache, dans le cœur se meurt, n'ayez pas peur :
Vénus viendra vivre dans votre palpitant.

Renaître en un être envoyé par Dieu,
Ne plus se noyer dans tout ce venin,
Ne succombez pas au plus vil des deux.
Ô Amour ! Tu fais des humains des saints.

Rédemption nocturne

Quand arrive le soir, le vent souffle, les étoiles
S'illuminent, révélant de leur lueur la ville
Endormie. Chacun dans son logis mets les voiles,
Rumine sur l'être humain affreusement vil.

Rassemblés, autour de la cheminée lassée
D'être spectatrice de la même tristesse,
Éprouvés, les parents pleurent pour s'excuser :
Chaque jour, quelques péchés les deux se confessent

Demain ne sera pas un autre jour, demain
Sera aujourd'hui, et ce pour l'éternité.
Quand arrive le soir, les cœurs croulent. Deux mains
Essuyant les larmes coulant dans le foyer.

Jour et nuit

Sentiment de la lune
Connu de Satan,
Éprouvée par tant de rancune,
Elle n'en a plus pour longtemps.

Même le diable a grandi dans l'amour,
Jamais ange ne connaîtra la haine,
Plus jamais les ténèbres ne verront le jour,
Au commencement même Dieu connu la peine.

Mensonges

Noyé dans les flots tumultueux de mes rêves
Je ne vois plus la surface. Oh mon Dieu je crève !
La tête sous l'eau je ne distingue plus mes songes
De la réalité, je vis dans un mensonge.

Peu d'espoir quand j'observe mon prochain
Ne plus rien voir, serait-ce la solution ?
Pourquoi ces grandes paroles de saints ?
Pour ces toutes petites actions.

Menteurs ! Menteurs ! Vous osez fermer les yeux
Lorsqu'un mendiant vous demande un peu
D'argent mais déclarez aimer votre voisin
Bien que vous ne lui donneriez pas un bout de pain.

Renaissance

Dans le ciel
La lumière saigne,
Baigne le monde
D'un éclat sombre.

La pluie s'abat
Sur l'homme
Et son combat.
Et noie son âme.

Le soleil reviendra
D'entre les anges du trépas,
Illuminant un monde mortel
Pour un être éternel.

Société de martyrs

Toute la noirceur de l'être humain
Refoulée par quelques lois.
Se conformer aux autres, pas d'autre choix
Si on ne veut pas finir dévoré par tous ces requins.

Liberté illusoire dans cette société
Tout reconstruire sur des cendres
Partir de rien tel un nouveau-né
Si aux enfers on ne veut pas descendre

Tyrannie des titans camouflée en régime d'égalité
Liberté égalité fraternité mensongères
Aliénées, dégoûtées elles subissent le Pater.
Pas d'autre exutoire que la mort prématurée.

Révolte des martyrs

Formés à nous conformer au confort offert
Par ces sales sanguinaires insincères
Nous ne nourriront plus les nouvelles nous les liront
Puis des cris de ces si petits politiques nous riront

Apologie de la décadence (à nos enfants)

Le futur un espoir éphémère
Qui finit en un passé décevant
Le présent construit sur du néant
Comment vivre sans repères ?

Que du mouvement

Le temps m'obsède
Le temps m'obsède
Le temps
Le temps
Le temps
Plus de passé plus de futur plus de présent
Seulement un instant
Questionnant le passé le futur et le présent
Illusion éternelle
Devenant paradoxe réel.
Obnubilé par les grains de sable
S'écoulant du sablier
Qui n'a toujours pas été retourné.

Enseveli par le sable
Coincé dans un sablier
C'est l'heure de se mettre à table
Et d'avouer tous ses péchés
Tic tac c'est le temps qui passe
Crac ! C'est la nuque qui casse
Pendu aux pendules
Enchaîné au temps,
L'humain l'adule
Car esclave du temps.

Peu de temps

Chaque instant éphémère,
se perd dans l'éternité de nos vies.
Chaque vie se perd
dans l'éternité éphémère
d'une mort assurée.
La mort un instant éphémère,
donnant sur l'éternité d'une vie passée.
Le seul futur existant,
un instant idéel éphémère.

La vie éclot puis se fane
puis se fane
Un peu de sang sur le macadam

Esclave de la vie on a peur de la mort
On s'oublie pour lui échapper
Esclave de la mort que faire de la vie ?
On cherche à s'en libérer

Un élan de folie et on se décide à vivre
Le même nous décide à mourir
On se fait violence pour ne céder ni à l'un ni à l'autre
Car quoi de plus terrifiant que la vie
Quand on sait qu'on va mourir
Quoi de plus terrifiant que la mort
Quand on ne sait pas vivre

La Vie une drogue
On y goûte
On en veut
Encore un peu
Car on craint la chute
En enfer

On fuit la mortalité de la vie
Pour courir vers la mort
J'écris pour apprendre la vie
J'écris pour me rappeler la mort

On pointe du doigt pour viser
On ouvre la bouche pour tuer
On ne la ferme que pour se recharger.
La Mort c'est Nous

Je croyais posséder les mots
Jusqu'à ce qu'ils s'échappent de ma bouche,
Qu'ils me glissent entre les doigts
J'essaye de les rattraper, mais trop tard
Ce qui est dit est dit
Des mots sortis trop tôt
Plus dangereux qu'un couteau
Des mots sortis trop tard
Ne font que déchirer les regards
Garde tes mots pour toi si tu n'en fais pas bon usage
Ne les jette pas au visage du premier venu
Il pourrait te croire et en être ému
La vérité ne ferait que l'écraser
Le consumer à petit feu
L'accabler de mots serait l'accabler de maux
Un mal pour un bien un mal pour un mot

Tu entends mais n'écoutes pas
Des enveloppes sans lettres
Une pluie de lettres
Te noyant dans ta bulle
Tu prends ce que je te donne
Alors que je ne t'ai rien donné
Tu essayes de saisir un bout
Mais tu pâtis de ce manque d'empathie
Qui fait rempart entre nos deux regards

Les mots s'enchaînent
Je ne les suis plus
Je ne les suis plus ?
Hors de moi ils sont vides de toute essence
Je n'ai plus rien à dire
Mais je n'ai rien dit
Comment dire ce que je vis ?

Musique printanière
Souriante est la prière

Le vent sur ses seins
Rappelle le souffle du nourrisson
Après la courbe de ses reins
Lumière sur le front

Auréole piétinée
Par un péché
Perpétré
Éternellement

Mélodie divine
Touchée par le souffle divin
Mise à mal par un diable
Toujours à l'affût des dames

Dans l'étable la mort se met à table
Que de délicieux mets !
Venus de l'enfer humain
Esprits torturés
Tourmentés par le manque
La faim écrase l'envie
La fin après l'ennui

Monde cabossé
Montagnes déchirées
Mers englouties par quelques navires
Le pire n'est pas passé
Il reste à venir

Au coin de la rue la nuit
Souffle son envie
Patiemment l'homme de ses maux
Détruit pour l'euro
Deux trois mots
Une prière
Deux trois actes
Plus rien d'intact

Les lueurs de mon cœur
S'illuminent au son des sirènes
Portant dans leur cœur
Toutes les douleurs de la terre
Inondée des êtres venus d'à côté
Elles n'ont pas la peur de décevoir
Leurs proches
Leurs amours
Au détour d'une maisonnée
Elles laissent derrière elle la couleur des enfers
Pour l'amour du ciel
On arrête d'avancer
On se perd dans les tréfonds
Plus d'horloges aux plafonds
Le temps s'est arrêté
Dans les maisons immobilité
Silence des âmes envoûtées
Par la magie des soleils d'été

Dans la forêt teintée de couleurs
Le rythme des battements du cœur
De la forêt laisse respirer les animaux
Courant fuyant l'homme et tous ses maux
Dans son terrier s'enterre le lapin
Sous les feuilles se cachent certains serpents
S'apprêtant à mordre les jambes charnues
Des pères portant leurs progénitures
Ne sachant pas qu'ils finiront tous en nourriture
Les loups se délecteront de ces mets délicats
Fraîchement apportés par la haine humaine
Lorsque la pluie inondera la forêt
Et la lavera de tous ses pécheurs
Les poissons reviendront peupler les terres
Redonnant un peu de vie dans toute cette misère

Une goutte d'amour dans ce sentiment océanique,
n'est pas la mer à boire pour celui qui aux autres a su dire oui;
plutôt que de se délecter de cet alcool insolent qu'est la colère,
qui fait du plus doux des agneaux un ivrogne indolent,
apaisant les esprits les plus torturés,
écrasant les âmes les plus fragilisées.
Abreuvons-nous de l'ambroisie éternelle,
afin de sortir de cette peur sempiternelle
de n'être qu'un ego de moins,
parmi tous ces êtres humains

fleur du matin, couverte de rosée,
parmi tous ces chiens tu as su prospérer,
faire fleurir ta collerette bleutée,
étaler tes pétales éparpillés,
pour rien de moins qu'un passant souriant,
pour que l'être humain te saisisse en passant
pensant faire hommage à la semée passée
de tout temps tu as troublé l'homme âgé,
attendri la jeune fille filant chez son amant,
émerveillé l'enfant jouant dans le champ
dans lequel toutes ces fleurs éblouissantes
ont su se protéger en se révélant tout
doucement
à la lumière éclatante d'une jolie passante

Prises dans le vent
Les vagues s'élancent dangereusement
Emportant sur leur passage
Les baigneurs. Et transformant le paysage,
Elles paraissent tel un miracle
Éternel
Mais bien réel.

Dans la forêt, tout près des bouleaux
Près des cieux, le chant des oiseaux
Illumine Terre Mère et ses fils.
Chantons ensemble l'amour du Christ.

Le chant du cygne

Marron et vert comme les arbres
Je fume une forêt
La mort crève mes poumons tel un coup de sabre
Un dernier jet
Avant d'aller dormir
Pour ne plus nuire

Libérez moi je ne suis qu'un imposteur,
Je ne peux plus enlever ce masque
Que m'a attribué la société à cette heure.
Je me retrouve le soir au fond d'une flasque.

Je regarde la lune
Et la déverse par ma plume,
Un ange a perdu ses plumes
Tel un djinn, caché dans les dunes
De ma vie
Il n'en peut plus
Il crie
Demande qu'on le tue.

Démon meurtri
N'est pas repenti
Ange déchu
À la rue

De ma tête s'échappent les noirceurs de la folie
De mon cœur s'échappe mon dernier souffle de vie,
Mes pensées s'envolent avec la fumée
Mais la douleur elle n'est pas apaisée.

Douce enfance évaporée,
Brûlée par l'approche de la mort
Comment me relever
Quand le sang s'écoule de mon corps ?
Comment aimer
Quand au fond de moi il n'y a que la haine ?
Je vois dans le miroir le démon de ma peine

Par la fenêtre je vois le monde s'écrouler
Les enfants jouent en bas ils ne sont pas pressés
Pressé de mourir personne ne l'est
Pressé de vivre tout le monde l'est
Mais la vie n'est-elle pas la mort ?
Vivre dans l'illusion tel est notre sort

Enterré sous les feuilles mortes repose le corps de mon démon
Au seuil de ma mort je n'ai pas terminé ma mission
J'attends la nuit pour observer les étoiles qui dansent
La nuit dernière j'ai surpris la faucheuse boire du sang
Elle m'a invité pour ne pas me vexer je pense
Mais j'ai bien vu que ce n'était pas moi qu'elle désirait
Elle me laisse encore un peu de temps
Histoire de bien me faire patienter
Écouter les lumières s'éteindre jusqu'à ne plus savoir si mes yeux sont ouverts ou fermés

Ce chemin perverti
Duquel ne reviennent pas
Ces malheureux damnés.
Je me raccroche aux prises qu'il me reste
Pour ne pas assouvir mon destin funeste
Et ne pas moi aussi sombrer
Dans ce sinistre trépas
Qu'est la mélancolie

La tristesse m'envahit
Quand je vois que la beauté
Est occultée
Par ce qui m'envahit

Cercle vicieux
Je descends aux enfers
Plus de lumière
Où sont les cieux ?

La vie m'emmène là où je n'ai plus pied
On a appris à nager alors que la tempête soufflait
Les nuages à l'horizon n'annoncent rien de parfait
Mais quelquefois un phare apporte un peu de paix

La terre se dérobe sous nos pieds
Un trou sans fin sans rien pour remonter
Seulement le sacré pour s'envoler vers les cieux
N'oublions pas ces âmes au fond des yeux

Un verre, puis un autre verre
Un vers, puis un poème
Un poème comme prière.
Toute la journée je sème
Mes mots dans mon champ,
Le chant des sirènes m'emmène
Jusqu'aux limites extrêmes
De mes douleurs et mes peines.

Oublie cet amour

Tu as cessé de l'aimer
Le jour où elle t'a dit Je t'aime.
Trop lourde était cette responsabilité,
Chaque jour tu pleures pour noyer ta peine.

Plus jamais ce regard posé sur toi,
Te soulageant de tous ces maux;
Plus jamais ce sourire te redonnant la voix,
T'encourageant à sortir tous ces mots.

Le matin au réveil,
Rien d'autre qu'une place vide;
La nuit tu n'as plus jamais sommeil,
Rien d'autre que des regrets acides.

L'expression

La vie un labyrinthe infini,
L'art la clé vers la sortie,
D'une main je peins mes rêves
Tandis que ma plume s'élève.

Je regarde à mes pieds et n'y vois que le vide
Pour ne pas tomber je dois être rapide
Saisir l'instant, le photographier
Puis le poser sur papier.

Que comprendre face aux mots ?
Rien de plus qu'une agression ?
Sont-ils le reflet de tous ces maux ?
Les garder pour soi jusqu'à mortification.

La nuit

comme la lumière je n'aime pas la nuit,
elle arrive je fuis
chaque jour elle me suit me traque puis
m'enveloppe dans son suaire
pour refroidir ma chair

lui échapper j'aurais bien essayé
mais comment éviter l'inévitable
comme vivre et espérer ne jamais mourir
comme observer s'écouler le sable
dans le sablier jusqu'à ce qu'il se soit vidé
et espérer le voir se remplir
sans l'avoir retourné

je laisse venir les mots sur ma feuille
pensant que peut-être j'en oublierais de penser
de ces beaux jours je dois faire le deuil
ils tourbillonnent à mes pieds
ils me demandent une danse
face à mes démons aucune chance
face à ma feuille plus d'espoir
seulement mon cœur figé quand vient le soir

Fin du monde

L'aube, mes peurs arrivent
Le soleil se lève, la fin du rêve
Inexistant, le jour me prive
De tout bonheur et de trêve

Au crépuscule je m'évade
Loin des tourments et des larmes
Nocturne mélodie pour escapade
Les étoiles font briller mon âme

Me rapprocher de la lumière, fuir le soleil
Amoureux de la nuit, j'embrasse le sommeil
Je ne me souviens pas de qui je suis
Aidez-moi à retrouver le bonheur de l'éveil

On n'éprouve plus d'amour, plus rien
L'indifférence fait la loi ici-bas
Paradis perdu, grandir en vain
Enfer retrouvé bien avant le trépas

Ça ne tourne plus rond dans les têtes
Les esprits sont solidifiés, ne s'élèvent plus
Pour son prochain plus aucun geste
Les corps se détruisent car plus aucun but

Télébios

À l'écart de la réalité
J'observe le temps passer
La douleur me tient à distance,
L'amour a perdu son innocence ;
De l'humanité dégouline une odeur rance.

Incapable de m'intégrer
L'humain me paraît insensé
Plutôt souffrir,
Que leur appartenir.

Passif dans ce monde accablant
Actif dans mon monde passionnant
Incapable de la moindre action
Dans l'inaction j'attends la mort de mes démons

Être de lumière éteint
Au contact de tous ces gens malsains
Comment apporter un peu d'Amour ?
Dans ce monde qui bientôt ne verra plus le jour.

Un peu de paix

Plus je me rapproche de la mort
Plus j'aime la vie,
Plus besoin de sourire,
Je suis enfin au paradis

La tête baissée
J'observe le monde évoluer,
Des petites araignées
S'entretuant sans pitié

Un peu de neige
Tombe au loin sur les collines,
Recouvrant d'un suaire
Cette tumeur maligne.

Enfin

La camomille dans les champs
Sent le vide de ma tête
Pas de pause en attendant
La lumière dans ma tête

Je n'entends plus ces voix
Qui me disent de faire un choix
Entre vivre et être heureux
Peut-être que je peux vivre les deux

Chaque jour la lumière revient
Heureux sera celui qui verra la mort
Pas de doute à part la vie il n'y a rien.
Aie confiance, je vois que tu t'en sors.

Paix

Dans la nuit j'erre,
Je regarde en bas
Insensible à ma colère
Tout va.

Une époque révolue
Pleine d'horreur
Et de rancœur
Enfin à nu,

Je puise dans mon cœur
Aperçois la lueur
Aucune crainte qu'elle ne m'échappe,
Finalement je l'attrape.

Le soleil brille dans les cieux
Plus de larmes dans mes yeux
Plus de lame dans mon jeu
Le soleil ne brille pas que pour eux.

Croire en la lumière

À jamais banni des cieux
Il sut qu'à présent
Les larmes dans ses yeux
Couleront constamment

Croire en la lumière
Quand il fait nuit
Croire en la lumière
Quand s'en va la vie

Passé l'orage pluvieux
Il sut qu'à présent
Les larmes dans ses yeux
Brilleront moins souvent

Croire en la lumière
Quand il fait nuit
Croire en la lumière
Quand s'en va la vie

Heureux et sage
Il sut qu'à présent
Le sourire sur son visage
Brillera éternellement

Les poèmes de Japhet Quillin Stettler, jeune artiste né en 1997, reflètent son cheminement vers la liberté et la lumière.

www.ingramcontent.com/pod-product-compliance
Lightning Source LLC
Chambersburg PA
CBHW030507220526
45464CB00006B/2696